¿Cómo se hace un lápiz de color?

Grace Hansen

¿CÓMO SE HACE?
Abdo
Kids

abdopublishing.com

Published by Abdo Kids, a division of ABDO, P.O. Box 398166, Minneapolis, Minnesota 55439.

Copyright © 2018 by Abdo Consulting Group, Inc. International copyrights reserved in all countries. No part of this book may be reproduced in any form without written permission from the publisher.

Printed in the United States of America, North Mankato, Minnesota.

102017

012018

Spanish Translator: Maria Puchol

Photo Credits: Caters News Agency, Getty Images, iStock, Shutterstock

Production Contributors: Teddy Borth, Jennie Forsberg, Grace Hansen

Design Contributors: Dorothy Toth, Laura Mitchell

Publisher's Cataloging in Publication Data

Names: Hansen, Grace, author.

Title: ¿Cómo se hace un lápiz de color? / by Grace Hansen.

Other titles: How is a crayon made?. Spanish

Description: Minneapolis, Minnesota : Abdo Kids, 2018. | Series: ¿Cómo se hace? |
    Includes online resources and index.

Identifiers: LCCN 2017945926 | ISBN 9781532106569 (lib.bdg.) | ISBN 9781532107665 (ebook)

Subjects: LCSH: Crayons--Juvenile literature. | Manufacturing processes--Juvenile literature. |
    Spanish language materials--Juvenile literature.

Classification: DDC 688--dc23

LC record available at https://lccn.loc.gov/2017945926

Contenido

La elaboración de los lápices de color

Se reparte cera a las fábricas de lápices. En la fábrica de Crayola, el reparto de cera llega en vagones. Los vagones están llenos de **vapor** para derretir la cera.

Ponen la cera derretida en grandes silos. Después se bombea a unas calderas a través de tuberías.

7

Se añaden unos **productos químicos** en las calderas. Estos productos hacen que la cera no se pegue a los **moldes**. Y, además, hace que los lápices sean más fuertes.

9

Se añade color en polvo a las

calderas y se junta todo.

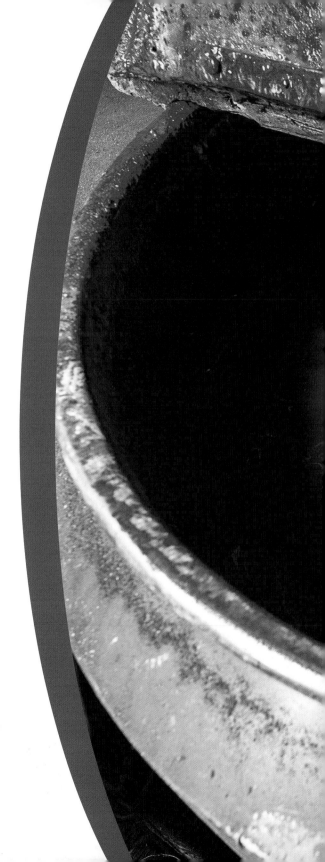

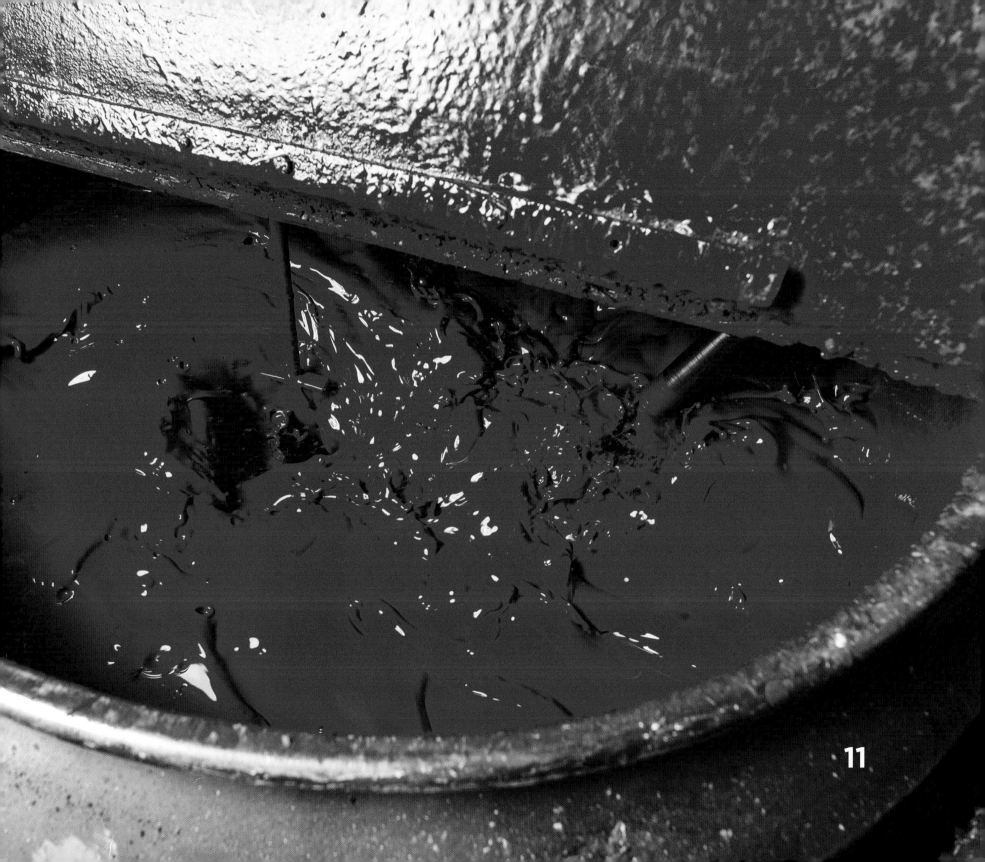

11

La cera de color recién hecha se pone en **moldes**. Los moldes tienen forma de lápices. Usan agua para enfriar y endurecer los lápices.

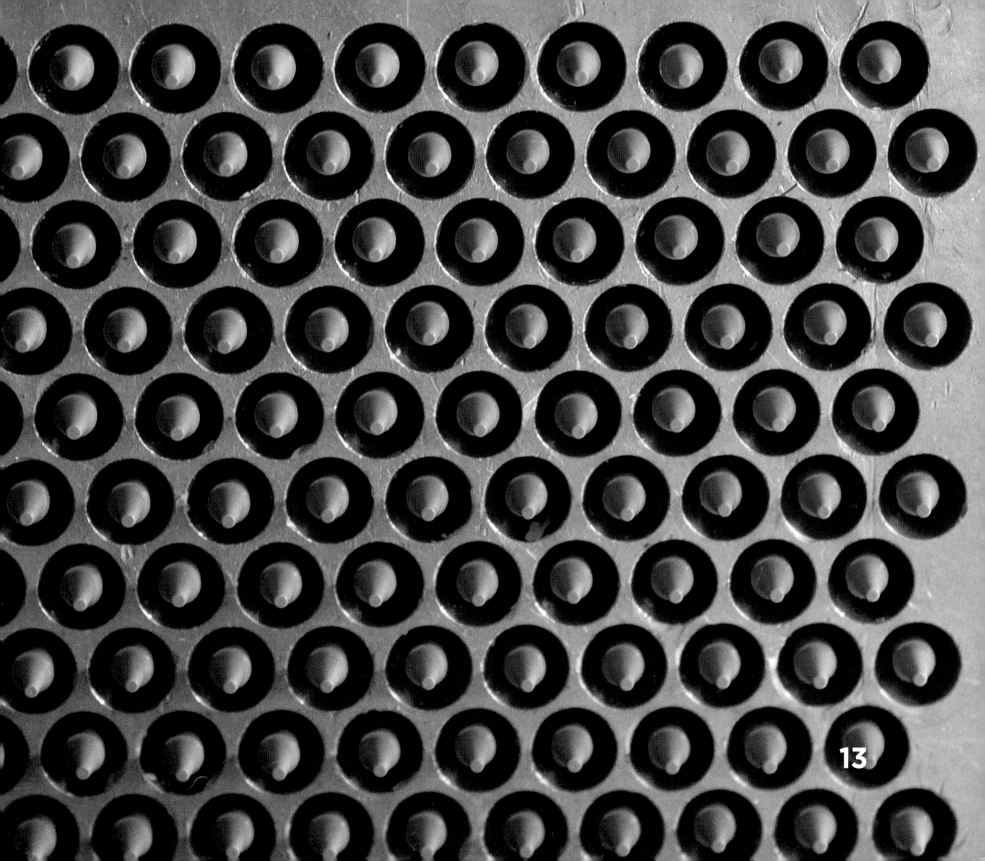

Se sacan los lápices de los **moldes**. ¡Ya están listos para ponerles las etiquetas!

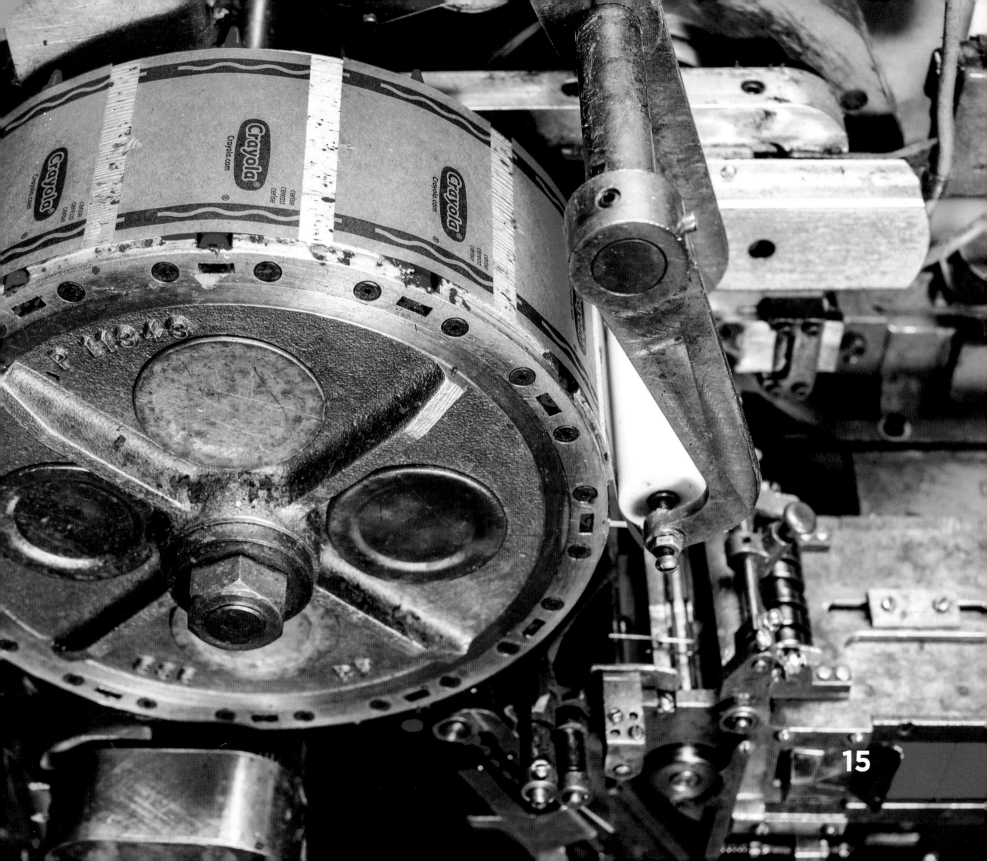

Después de poner la etiqueta
se guardan por color
en contenedores.

17

Canalizan los lápices de uno en uno a una plataforma y se meten en cajas.

19

El producto final

¡Las cajas se sellan y se preparan para repartir! Se mandan a tiendas de todo el mundo.

Más datos

- El lápiz de color más grande del mundo se llama Gran Azul. ¡Pesa 1,500 libras (680.4 kg) y mide 15 pies (4.6 m) de largo!

- La fábrica de Crayola de lápices de color, crea casi 3 mil millones de lápices al año.

- Un niño de diez años usa un promedio de 730 lápices de colores en su vida.

Glosario

canalizar – pasar por un camino de abertura pequeña.

molde – forma hueca que sirve para darle forma a algo.

producto químico – sustancia creada para un uso práctico.

vapor – humo invisible que se crea al hervir agua.

23

Índice

Abdo Kids
ONLINE
FREE! ONLINE MULTIMEDIA RESOURCES

¡Visita nuestra página abdokids.com y usa este código para tener acceso a juegos, manualidades, videos y mucho más!

Código Abdo Kids:
HHK0437